como se fosse a casa
(uma correspondência)

ana martins marques
eduardo jorge

como se fosse a casa
(uma correspondência)

*Este livro é resultado de uma
correspondência entre Eduardo Jorge e
Ana Martins Marques, durante o período
em que ela morou no apartamento dele no
Edifício JK, projetado em 1952 por Oscar
Niemeyer. Eduardo continua em viagem.*

*Os poemas dela estão escritos em azul sobre fundo
branco, e os dele, em branco sobre fundo azul.*

Duas pessoas dançando
a mesma música
em dias diferentes
formam um par?

suíte

Uma noite,
se fumaça ou
máscara Diotima
um cigarro
sustenta o trânsito
em uma brasa —
uma noite a noite
é
e o ponto mais
escuro, quase,
segredo de fígado,
persiste em dúvida
a planta dos pés.

Hoje ela é o ponto mais noturno da noite
o nó maior do tráfego
enquanto as janelas pouco a pouco se acendem
ela perde a conta das estrelas
e dos faróis que formam em torno da praça
um semicírculo de luz

•

Ela recebeu mas não leu
o regulamento do prédio
o protocolo de incêndio
nos objetos alheios
– alguma vez morou aqui
alguém que amava as imagens –
deposita-se quieta a memória de outros corpos
de coisas acabadas ou mal acabadas de nascer
feridas antigas, indecifráveis, mas que de algum modo
ainda perduram
na parede vermelho-
amor que não cicatrizou

•

O que mais a impressiona são os corredores
ela poderia percorrê-los
durante horas
mas de repente se dá conta de que não andou
nem um metro a mais
do que o necessário

entre o elevador e a porta do apartamento
a não ser no primeiro dia, quando errou o caminho
porque ainda não tinha entendido a lógica
par para um lado ímpar
para o outro
– ela está
do lado par

•

Ela comprou material de limpeza
e umas cervejas
e um whisky
ela nunca bebe whisky
e enquanto toma as cervejas
pensando que não basta se mudar
para mudar
ela pensa na mulher que ela seria
se morasse de fato ali
se aprendesse mesmo a beber
sem desmoronar dentro do próprio vestido
se adestrasse os olhos naquela paisagem
clara e áspera
e incorporasse ao seu corpo
os imensos barulhos da noite

•

Ela procura estudar o modo como a luz se distribui
pelos cômodos a certas horas

e dar-se conta dos pontos de convívio entre o dentro
e o fora, o trânsito pesado nas horas comerciais
a rapidez dos ruídos os acidentes de percurso
sua imagem refletida que vem sujar ainda mais as janelas
que ela não sabe limpar
uma casa, uma membrana entre o corpo e a noite
um filtro para as formas do mundo
anteparo contra os golpes do dia, onde as vigas
se põem a cantar
ela aqui se sente mais exposta
mais exterior do que interior
como se a casa não fosse doméstica
como se morar fosse uma afronta
à intensidade do dia

•

Morar num mês
na memória de uma noite
apoiada num cigarro
ela tenta ver os números
no imenso relógio sobre o prédio em frente
cifras contra o céu da cidade
deste ângulo no entanto
ela não consegue ver as horas
que continuam correndo mesmo assim
aquilo afinal lhe lembra como certa vez
numa exposição do Leonilson

ela se aproximou de um quadro, para ler
mas não era escrita

•

Uma tarde choveu por muito tempo
a cidade
felina
limpando-se a si mesma
e enchendo o quarto de barulhos
ela tentava ler, o rumor da chuva
misturado ao rumor das palavras no livro
no centro tumultuado

•

Que sobre este prédio
pensado para o futuro
se instale um relógio
insistentemente presente
e sobre este relógio
um céu anacrônico
com suas estrelas
atrasadas

•

Ensinam algo
as estrelas
sobre a distância
algo sobre o pequeno atraso

a pequena demora
que é a leitura

•

Alguém partiu daqui
alguém lançou-se para a frente puxando no entanto
um fio forte ou fraco que o liga à lembrança desta casa
alguém levou a memória das paredes
dos móveis dos corredores das xícaras das cortinas
ela olha os objetos em seus lugares
e pensa que um duplo deles agora vive
em outra cidade em outros cômodos
como uma casa no interior de uma casa
do outro lado do mar

•

(Como conversam as coisas
com as coisas?)

•

É o mesmo lençol, mas outra a noite
agora ninguém aqui
o corpo lembra sim, alguma coisa lembra
(mas o que sabe a noite
da noite?)
o dia envelheceu e ela envelheceu com o dia
e juntos pulsam o fim e o começo

1.
em pelos de bigode,
negros brancos,
imita, em suíte,
o avesso do atlântico.
ele frequenta os extremos do dia,
desperta a língua materna
na ponta dos nervos:
está viva.
ela se move com enganos.
e, à noite, com olhos de museu,
observa observadores
e ama imagens com
cegueira sintática, com as mãos,
as unhas em flores.
habitando uma verdade de vidro
soluçou dentro do vestido,
em técnica água com açúcar.
o canto das vigas em cálculo e cálcio
é o ritmo do outro lado do mar,
a língua-lâmina vai e volta
sob os pelos do bigode:
uma noite a noite aparece
o vidro contra vapor, a hora do hálito.
houvesse ali ela morado e *alô*
com barulho de talheres
seria a leitora de bigode branco,
postiço: par irregular contradiz

o ímpar, se ela *personne* personae,
busca a porta em terceira pessoa,
uma ana neutra, protegida
em dicionário germânico,
traz uma fortaleza cifrada,
quem lê poemas expõe
o dorso à intimidade da casa.

por isso,

2.
moro na cidade explicada
em várias línguas,
muitas delas não-latinas:
não entendo a cidade
na qual vivo, todavia,
enquanto me banho
ou quando os vizinhos
têm sexo, as explicações
da cidade, palavra por palavra,
entram por um ouvido,
saem por outro.
o letreiro Roma 24 horas
anuncia falanges à dúzia:
Rômulo, Remo, por exemplo,
gritam: "leite de loba" ou
"hora da sopa", desço
banhado, a colher de prata

no bolso do roupão bordado
Immer der Sonne entgegen.
o bigode branco-preto reaparece,
a corcova está maior e o esforço
para ouvir o que ela lê em imagem
permanece: se poema, borra de café ou
as explicações da cidade onde moro.

Ela às vezes se sente uma espiã
alguém que demorou demasiado a chegar
ou que chegou cedo demais
e no entanto a deixam entrar
como se a casa fosse sua
como se ela fosse a única visitante
de um pequeno museu
para um único amor

•

Em viagem na própria cidade ela procura sentir
a respiração da casa, seu sono
animal entrecortado
por sirenes

•

Ela quase nunca se lembra dos seus sonhos
nunca sonhou com labirintos animais mitológicos
o espaço sideral
nunca sonhou
como Astíages
que uma videira crescia
do sexo de sua filha
nunca sonhou
como Maria des Vallées
que Cristo costurava
o céu à terra
seus sonhos são só isso: movimentos

em falso, pequenos acidentes
restos do dia que ela depois espana de si
como a poeira o tédio das viagens curtas

•

Ela tem à mão uma porta
ela tem o chão a seus pés
um teto lhe subiu à cabeça
janelas suficientemente altas
para o salto
por onde a paisagem entra sem a prévia anuência
da Administração

•

(Se ao menos fosse possível saber
se voz ou microfonia
rota ou rotina
êxtase ou engano
sentir é um sítio difícil
permanecer é um périplo)

•

Coisas que o regulamento não diz:
é preciso acreditar no poder
da paisagem
aprender a ser
em sigilo

apropriar-se de seu nome
próprio
revezar o próprio rosto
não dizer mais "ela"

•

Aqui se está
o mais longe do cavalo
o mais longe da árvore
saber que o concreto enlouquece
que as pessoas se desgastam
racham, acumulam
sombra
que o cimento sonha, as pessoas
trincam
por solidão
saber que nem sempre se pode
puxar pelos cabelos o pensamento

•

Nenhuma planta
no apartamento mobiliado
(a menos que as xícaras
comecem a florir)
a não ser a planta
dos pés
arrastando raízes

arrancadas à força
(mal sustentando
o peso morto do amor)

•

(Conhecerão também as coisas
o cansaço?)

•

As crianças não se cansam
esgotam suas energias, caem
dentro do sono
mas não se cansam
o cansaço é o fim da infância
pode ser que seja assim
que só para elas
exista a casa
absolutamente

e depois isto:
ensaios de morar
onde melhor nos convém
experimentos de ajuste
do corpo à arquitetura
ligeiro desconforto
e desamparo infinito

•

Este prédio foi pensado para pessoas
com um projeto
mulheres-mapas, homens com um plano
de voo
capazes de abrir a porta com uma
palavra-chave

•

Este prédio só poderia existir
na ausência do mar

•

Apenas ficar aqui
por força ficar aqui
até que a palavra morar
faça sentido

A mulher no reflexo
usa um de meus vestidos
foi ela que escreveu
o que escrevi
o cigarro queima entre os dedos
a noite dura mais tempo
acendem-se pouco a pouco
janelas de outras pessoas

•

A impressão de que as coisas estão se tornando memória
rápido demais a certeza de que deveria ter pedido açúcar
ao vizinho e não a você a delicadeza dos gestos
que evitamos a cegueira do desejo os lugares
onde não chegam as palavras como os cantos
que as vassouras não alcançam

•

Devem existir palavras apropriadas
para cada lugar
ela ainda não conhece o léxico
aprender uma língua, conhecer
uma pessoa
que não quer se deixar conhecer
o limite de uma língua
é outra língua?
é sempre a primeira
a última noite

•

(Entre tantas coisas
numa separação
é também uma língua
que se extingue)

•

Quando alugamos um apartamento alugamos
uma paisagem alugamos vizinhos com os quais
cruzamos no elevador a temperatura das manhãs
determinados barulhos certas incidências
do sol poeira alugamos as palavras
que nos dirigem os porteiros as distâncias relativas
dos lugares que frequentamos alugamos os lugares
que passamos a frequentar o cheiro de tinta o toque
dos tacos alugamos o direito de dizer que aí moramos
o salvo-conduto para entrar e sair e mesmo a permissão
para morrer aí alugamos a memória futura
de um apartamento e o direito de metê-lo
num poema

•

Escrever alguma coisa e dar-lhe
o meu nome
como num contrato de aluguel
são minhas estas palavras de outros
por direito são minhas até não serem mais

são de outros são minhas
são os termos
do contrato

como se casa fosse
a casa, como se a casa fosse
fóssil, casca, espaço físsil,
momento preciso, decisão
de cisão do mundo, mas
fora, comendo números
bebendo-os lácteos, doces, salgados,
refeição ordinária e sacra:
o especulador expele fumaça
e é cantado por coroinhas
o vai e vem do sal: o sono
cardíaco com um véu de tabaco.
o nome em contrato soma
as contingências, estatística
de êxitos, casa, como se casa fosse,
números, os dela, os dele, e,
em saber de máscara,
em saber de maquiagem,
em saber de miséria, existe
a repetição: nenhuma,
nenhuma tradição a oferecer
salvo uma partida,
vontade estelar, vontade
como se vontade encenada fosse
pela pessoa a trinta
graus de mim, fosse
este erro eu, a casa, lar, ele pensa,
vontade estelar. a beleza tão

esperada em pão, água:
comem, roem a beleza.
limpam a libido dos olhos,
e coçam a pergunta, com sono,
seria uma lei falada o amor?

Somos anfíbios
sobrevivemos igualmente na casa e na rua
respiramos na casa e respiramos na rua
entramos em casa com os pulmões cheios de ar da rua
e devolvemos depois à rua um punhado do ar da casa
em casa trocamos de pele para sair à rua
levamos coisas como quem parte em uma excursão
adendos, próteses, maquiagem, enfeites
saíamos para a casa para fora da rua, dobramos as ruas
para dentro de casa – o lado de fora do lado de fora –
e não nos cega a luz súbita da rua, nossos olhos
se adaptam, somos anfíbios,
atravessamos sempre a rua como quem foge de casa
no entanto saímos de casa como se fosse seguro
que a ela voltássemos
e voltamos, quase sempre, cheios de fuligem e árvores
e arranha-céus e medo
carregamos o tijolo das paisagens dormimos
sobre o cimento dos anos
entramos em casa como num lago quieto e fundo
saímos à rua como se entrássemos num rio
que sempre muda, transitamos por ambos os meios,
ambas as vidas, acreditamos encontrar a casa em casa
e a rua na rua, como se entre a casa e a rua houvesse
uma língua comum, ou como se fôssemos bilíngues,
levamos à rua palavras da casa

guardamos em casa palavras da rua, parece simples,
fazemos isso todos os dias, somos anfíbios,
às vezes respirar
é difícil

Numa entrevista Anne Carson diz que
se a prosa é uma casa
a poesia é um homem em chamas
correndo rapidamente através dela
numa entrevista, quando lhe perguntaram
o que salvaria
se sua casa pegasse fogo
Jean Cocteau respondeu
que salvaria o fogo
no protocolo de incêndio
do condomínio do edifício JK
está escrito
não fique parado na janela sem nenhuma defesa
o fogo procura espaço para queimar
e irá buscá-lo se você não estiver protegido
e também: mantenha-se vestido e molhe suas roupas
e também: feche todas as portas atrás de você
e ainda: rasteje para a saída, pois o ar é mais puro
junto ao chão
e ainda: uma vez que tenha conseguido escapar,
não retorne

•

Um caramujo
como uma caixa de fósforos
que levasse nas costas
o incêndio da casa

viagem à Itália

é a língua essa que
tenho,

avesso feito de sal,
acento

pontudo, contraluz,
em contraluz a língua.

a casa em branco,
ainda por fazer-se

e o esforço de cada
bíceps para de lá

a poeira partir
e digo com a língua

a que tenho
tum-tum, tum-tum

músculo pré-molusco
cada palavra

uma ilha distante
da orelha esquerda

ou direita, a língua nua
a que tenho, umbigo

abaixo, abrigo quase
casa.

Brigitte Bardot, o novo testamento

o repouso na rua
em corvos ou a criança atrasada
em língua portuguesa a
travessa a rua e ativa
o verbo comum entre
o novo testamento e a
fotografia da Brigitte Bardot
valendo dois, três ou mais
Giacomettis. O passante
vende inclusive seus passos
às oito em ponto, escolhe
a dedo frases-situações
no espaço ocioso entre
bom dia e boa noite,

ele brilha dúvida.

Ela imaginou que ali seria um bom lugar
para não pensar tanto em si mesma
prestar mais atenção
no mundo
um novo contrato com as coisas
ela pensou, talvez,
seguir rigorosamente o regulamento
de um prédio (isso se parece
com um plano)
morar no fracasso de um projeto
no futuro tal como ele era
o passado nunca é pessoal, ela pensou,
talvez, mas o presente sempre
alguma beleza nisso, não propriamente
beleza, não exatamente nisso

Envelhece mal o futuro, sempre?

•

Talvez fosse preciso aprender sobre morar
com aqueles que frequentam a madrugada
ou o mar
e conhecem essas horas imprecisas
nem noite nem manhã
expostos às tormentas ou à luz titubeante
de bares que não fecham
entoando ou não canções de arrebatação
ou de naufrágio

diante do azul ilimitado ou de um cemitério
verde
de garrafas
entre coisas ruidosas ou quietas
vendo a linha do dia pouco a pouco
comendo (vermelho) a linha da noite
na rua como diante do mar

•

(Espera: estou inventando uma língua
para dizer o que preciso)

•

A cura está no tempo, dizem,
mas, ela pensa, por que não
no espaço?
ou antes não há cura
a vontade de partir antecede sempre
a casa
estamos para ir
prestes, mas não prontos
só vigor e vontade
lar, ela pensa, é sempre lá
(talvez, lançar-se)

•

E tudo afinal talvez se resuma ao fato de morar numa língua
que distingue ser e estar, morar no intervalo entre

essas duas palavras, ser ali onde se está,
ou estar assim como se é
toda lei é
da língua?

•

Sobretudo não falar de amor
mas preservar seus gestos, sua coreografia
de ternura e pânico
sua repetição, seu ritmo
amar ainda as imagens, sim,
não propriamente amar, não exatamente
as imagens
apenas uma língua muito antiga
que aprendemos mal, *à peine*,
sem conhecer sua lei
oral, mas somente fragmentos
de velhos poemas,
contabilidades, restos
de música, destroços
de um decreto, um tratado
astrológico, catálogos
de barcos, armas, utensílios
sem nem ao menos saber
se contrato ou canção

que fazer?
ela tem os ruídos da noite
impressos nas pálpebras
uma polaroide de onde se vê
os ombros, o pescoço:
os ossos dela quando os dele,
formam uma estrutura para o sono,
e venta para cada cigarro,
para o choro dentro de um vestido:
o álcool e a água sanitária,
de um lado. a colônia
e o curativo no indicador
direito: o passaporte,
no lado esquerdo, o coração.
a polaroide da Francesca
Woodman: o heroísmo
da casa, seu ventre está
sobre o assento da cadeira
e ela voa. ele ri, ela ri.
eles puseram a mesma música.
ele sabe noite, ainda, rum.
10 cm x 10 cm, salvo engano.
a valise vermelha e o corpo
despido, o pêndulo móvel,
defumam a roupa sobre a cama.

Biblioteca Nacional

com o refrão dos grevistas
dentro do céu da cabeça
com a mínima parte do trigo
e da cafeína em metabolismo,
ali estava, diante do branco
em celulose transformava
a mão em punho.
Um senhor era levado
pela própria corcunda
duas crianças dois cigarros
ocupam todas as mãos dos pais
outro senhor é transportado
pela corcunda com a ajuda
dos ombros em arco,
ele raspa as estantes
e as fichas divididas em países
um buquê de rosas vermelhas
na mão tremida, borrada.
quanta espera naquela
tarde onde braços tísicos
passam páginas cruzam
fronteiras e um deles
está erguido *no céu da cabeça*,

na sala de leitura,
nas pupilas gastas
daqueles que talvez o vejam
empoeirado em fotografia.

em qual língua eles riem
ou sentem dor de cabeça
o céu era madeira densa
mas se ouviam os tecidos
– o cristal de uma língua
fora do território franco –
imitarem uma origem
do carvão, e eles cavam
se cavam: é a crise,
o trabalho das noites
máquina a bater na ponta
dos dedos a mensagem
a velocidade com a
qual a palavra cursiva
diz *tout va mieux* quando
mentem tanto as unhas
quanto os fios de cabelo
da barba, das axilas,
e eles riem em qual língua
o chá água quente com
limão, o quarto amarelo
e a elegância do pão some aos poucos.
à carne, diante de
do açúcar súbito, ele ria, ela ria.
ele, o nono e único:
quase dormiam, o menor
movimento sustentava
a chuva e a noite.

(Paris: só se salva quem partiu)

aqueles que partiram
cujas vidas ignoramos
good times invertido
impresso em camiseta
gasta, estendida na rua,
na estação Stalingrad.
aqueles que partiram e
que vivem, respiram,
procriam e têm uma
preocupação por mês.
quem ficou no mesmo
peso ou menos, mais
cansado na mesma
coordenada do sorriso
gasto à noite e assunto
em metros quadrados
quem ficou desvia do ar
pesado onde mesmo
anjos arfam:
eles sobem e descem,
elevadores: andam sob
asas pesadas de fuligem
e se sorriem expõem
dentes de calcário e dizem:

nunca diga,
nunca digam, nunca diga.
antes de irem, *good times*,
e entram no elevador.
de lá do alto nos fitam,
os que ficaram: nos fitam
com a tosse, o sorriso
que sabe lâmina cega.

Penso nos caminhões de mudanças
como casas a caminho
penso no jovem casal
que se instalou na calçada
com caixas de papelão
e um sofá florido
e pendura no ponto de ônibus
suas roupas para secar
penso que só sabe da casa
quem precisa atravessar
rapidamente uma fronteira
quem fez sua casa
num país que não o quer
aqueles a quem a casa segue
como um cão
penso que, como disse Jean Améry sobre a pátria,
uma casa é aquilo de que menos se necessita
quanto mais se tem

•

Minha casa são meus retratos
minha casa é meu martelo
minha casa é meu manuscrito
minha casa é meu colar
de contas verdes de vidro
tiraram-me tudo
e no entanto me sobra muito
minha casa é teu cabelo cinza

meu casaco de feltro
meu amor esfacelando-se
minha casa é meu cansaço, minha miopia
minha artrite, a criança que fui e sigo
sendo, minha casa é a memória da casa
demolida, o cão que eu não tive
a parte que não entendo
no poema que traduzi
minha casa é o mar
aberto
minha casa é aquele mergulho aquele dia
quando o pequeno cardume de peixes listrados
de amarelo atravessou ali bem na nossa frente
minha casa é a árvore
em frente à casa
o muro contra o qual
nos beijamos
minha casa é minha coleção
de cacos
meu hábito de perder
as chaves
a pequena canção
de antes de eu nascer
o modo como cresci
e aquela canção não cresceu
minha casa é meu passaporte
minha casa é minha língua
estrangeira

fronteiras que me
cruzaram
minha casa é meu peso
minha idade
o nome da cidade
em que te conheci
a roupa que então vestias
sim
onde moro
ainda
minha casa é o cão de rua
que não é meu, que apenas acontece
de estar ali

As casas abandonam a si mesmas
fogem de si mesmas
um dia você retorna
e a casa não está lá
está apenas seu molde
casca ou carcaça
sai então à caça
da casa
em viagem
ou fica lá
onde já não está

Ana Martins Marques nasceu em 1977, em Belo Horizonte, onde mora. É graduada em letras e doutora em literatura comparada pela UFMG. Publicou *A vida submarina* (Scriptum, 2009), *Da arte das armadilhas* (Companhia das Letras, 2011), *O livro das semelhanças* (Companhia das Letras, 2015) e *Duas janelas* (com Marcos Siscar. Luna Parque, 2016).

Eduardo Jorge nasceu no dia 24 de setembro de 1978, em Fortaleza, às 10h23. Publicou *San Pedro* (2004), *Espaçaria* (Lumme Editor, 2007), *Caderno do estudante de luz* (Lumme editor, 2008), *Pá, Pum* (com Lucila Vilela, coleção Elixir, 2012), *A casa elástica* (Minisséries) (Lumme Editor, 2015). Possui no prelo *Teoria do Hotel* (Demonio Negro, 2017) e o inédito *A língua do homem sem braços* (Prêmio Minas Gerais de Literatura - Poesia, 2010).

© Ana Martins Marques
© Eduardo Jorge
© Relicário Edições

CIP –Brasil Catalogação-na-Fonte | Sindicato Nacional dos Editores de Livro, RJ

M357c Marques, Ana Martins

Como se fosse a casa: uma correspondência / Ana Martins Marques; Eduardo Jorge. – Belo Horizonte: Relicário Edições, 2017.

48 p.

ISBN: 978-85-66786-57-6

1. Poesia brasileira. I. Título. II. Título: uma correspondência

CDD B869.1

COORDENAÇÃO EDITORIAL Maíra Nassif Passos
PROJETO GRÁFICO & DIAGRAMAÇÃO Ana C. Bahia
REVISÃO dos autores

RELICÁRIO EDIÇÕES
relicarioedicoes.com
contato@relicarioedicoes.com

1ª edição [2017]

Esta obra foi composta em Adelle e Clarendon
sobre papel Pólen Bold 90 g/m² para a Relicário Edições.